AF453780

LE
BANQUET
MAÇONNIQUE.

LE
BAYONET
MAÇONNIQUE

Une triste victime
Que le destin opprime,
A-t-elle à nos secours
Recours,
Offrir à sa misère
Son cœur, sa bourse et sa maison,
Voilà, voilà, j'espere,
Ce que fait un maçon.

LE BANQUET MAÇONNIQUE;

DÉDIÉ A TOUTES LES LOGES DE FRANCE;

PUBLIÉ PAR P. GENTIL, R∴ †.

A PARIS,

CHEZ F. LOUIS, LIBRAIRE,

RUE HAUTEFEUILLE, N° 10.

1820.

LE BANQUET

MAÇONNIQUE.

CE QUE FONT LES MAÇONS.

Air : *Du Vaudeville de Fanchon.*

On dispute à la ronde.
Chez les maçons, qu'on fronde,
Rien ne trouble jamais
    La paix.
S'aimer sur cette terre,
Sur cette terre où nous passons ,
Voilà, voilà, j'espère,
Ce que font les maçons.

Qu'un grave politique,
Pour la chose publique
Ne rêve que projet,
    Budget.

Sur tout cela se taire,
Se taire, et pour bonnes raisons,
Voilà, voilà, j'espère,
Ce que font les maçons.

Au passé faire grâce,
Et quand le présent passe,
Sans craindre l'avenir,
Jouir;
Loin des censeurs austères,
Des seuls Plaisirs prendre leçons,
Voilà, voilà, mes frères,
Ce que font les maçons.

Dans un banquet aimable,
D'un vieux vin délectable
Sabler presqu'un tonneau,
Sans eau;
Chanter au bruit des verres,
Trinquer au refrain des chansons,
Voilà, voilà, mes frères, etc.

Une triste victime
Que le Destin opprime,
A-t-elle à nos secours
Recours;

Offrir à sa misère
Son cœur, sa bourse et sa maison,
Voilà, voilà, j'espère,
Ce que fait un maçon.

Paul GENTIL.

COUPLET D'OBLIGATION.

AIR : *Vive Henri-Quatre !*

Si dans sa barque,
Le nautonnier Caron,
Un jour, t'embarque,
Tu lui diras : « Patron,
« A cette marque,
« Reconnais un maçon. »

IMPROMPTU

Chanté dans un Banquet d'adoption, à une aimable sœur
qui se plaiguait de la discrétion des Maçons.

AIR : *En amour, comme en amitié.* (De Colalto.)

Si des profanes indiscrets
Un maçon prudent se défie,
Certes, il n'est point de secrets
Qu'à sa sœur ou son frère un maçon ne confie.
La franchise a bien ses douceurs,
Qui valent celles du mystère.
Frères, pour moi, je n'ai rien à vous taire,
Ni rien de caché pour mes sœurs.

Le F∴ JULES P.....

COUPLETS

POUR LE BANQUET DE LA FÊTE SAINT-JEAN.

AIR : *Trouverez-vous un Parlement.*

AVEC le modeste patron
Qui deux fois par an nous rassemble,
Epicure est un gai luron,
Qu'on devrait fêter, ce me semble.
Des seuls Plaisirs il prit leçon ;
L'Amour sur ses pas les fit naître.
Frères, s'il n'était pas maçon,
Il était bien digne de l'être.

Fêtons aussi, fêtons celui
Qui de Tibur fit sa taverne ;
Qui brava les sots et l'ennui,
Entre Glycère et le Falerne.
De sa lyre le joyeux son
Fit parfois pâlir plus d'un traître.
Horace n'était pas maçon,
Mais il était digne de l'être.

1.

Chantons encor, chantons ce Roi
Qu'à bon droit tout Français révère ;
Si des Ligueurs il fut l'effroi,
De ses sujets il fut le père.
Amant guerrier, Roi sans façon,
Dans l'art de boire passé maître,
Henri, s'il n'était pas maçon,
Etait du moins digne de l'être.

Aimer et servir son pays,
Aimer et servir sa maîtresse,
Rire et boire avec ses amis,
Plaindre et soulager la détresse ;
Aimer le vin et la chanson,
Prendre Grégoire pour son maître ;
Voilà comme on devient maçon,
Ou comme on est digne de l'être.

P. GENTIL, R.∴ †

~~~~~~~~~~~~~~~~~~~~~~~~~~~~~~~~~~

CANTIQUE MAÇONNIQUE.

AIR : *Du fleuve de la vie.*

MÉPRISANT les sots et l'envie,
Buveur joyeux, joyeux amant,
Sans regrets un maçon descend
    Le fleuve de la vie.

Souffre-t-il, l'amitié fidèle
Verse un baume sur ses douleurs;
Sur sa tombe c'est encore elle
Qui vient parfois semer des fleurs.

Méprisant les sots et l'envie, etc.

Guerriers, volez à la victoire;
Allez combattre, allez mourir :
Les maçons marchent à la gloire
Sous la bannière du Plaisir.

Méprisant les sots et l'envie, etc.
~~~~~~~~~~~~~~~~~~~~~~~~~~~~~~~~~~

De l'or vous que la soif dévore,
Offrez votre hommage à Plutus :
Bacchus est le Dieu que j'adore ;
Pourtant j'y joins parfois Vénus.

Méprisant les sots et l'envie, etc.

O vous que l'intérêt divise,
Puissans d'un jour, imitez-moi :
Amitié, voilà ma devise ;
Faire le bien, voilà ma loi.

Méprisant les sots et l'envie, etc.

La vie est un vrai Purgatoire,
Si j'en crois vingt censeurs maudits ;
Frères, sachons aimer et boire,
Nous en ferons un Paradis.

Méprisant les sots et l'envie,
Buveur joyeux, joyeux amant,
Sans regrets un maçon descend
Le fleuve de la vie.

PAUL GENTIL.

COUPLETS

POUR L'INAUGURATION DU BUSTE DE SA MAJESTÉ
LOUIS XVIII.

AIR : *Un soldat par un coup funeste.*

Le Roi qui nous ramène en France
Le bonheur et la loyauté,
Dans nos cœurs place l'espérance
Par ses vertus et sa bonté.
Dans notre allégresse,
Quand nous lui donnons notre foi,
La Charité, symbole de sagesse,
Trace ces mots : Vive le Roi !
Vive le Roi ! vive le Roi !

Ces trois vertus pour chaque frère,
Forment le triangle sacré ;
Il chérit, il croit, il espère,
Et son bonheur est assuré.
A Louis fidèles,
Quand nous lui donnons notre foi,
Nos voix diront, et nos cœurs avec elles :
Vive le Roi ! vive le Roi !

Le temps de la chevalerie
Revient en France avec les lis;
Enfans de la maçonnerie,
Portons la santé de Louis.
En trinquant nos verres,
Amis, redites avec moi
Ces mots touchans, si chers à tous les frères :
Vive le Roi! vive le Roi!

Le T∴ Ill∴ F∴ Nazon.

~~~~~~

RONDE MAÇONNIQUE.

Air : *Tic, toc, etc.*

Non, non,
Point de façon :
Chanson jolie
Ranime la folie ;
Non, non,
Point de façon :
Un bon
Maçon
Doit aimer la chanson.

Approche ton verre ;
Remplis-le, mon frère,
Et goûtons ce vin.
Quel bouquet divin !
La maçonnerie
Permet que l'on rie ;
Par un gai refrain
Mettons-nous en train.

Non, non,
Point de façon, etc.
~~~~~~

Si j'en crois l'histoire,
De chanter, de boire,
Les premiers maçons
Prenaient des leçons ;
Et les jours de fête,
La besogne faite,
Le Roi Salomon
Disait pour sermon :

Non, non,
Point de façon :
Chanson jolie
Ranime la folie, etc.

Armé de son verre,
Ce Roi, qu'on révère,
S'endormait souvent,
Le soir, en buvant ;
Et de cent fillettes,
Toutes gentillettes,
Les soins complaisans
Charmaient ses vieux ans.

Non, non,
Point de façon :
Chanson jolie, etc.

Aux fils d'Epicure
Si le vin procure
Douce volupté
Et franche gaîté,
Les fils de la veuve
Sont, j'en ai la preuve,
Encor plus joyeux;
Car ils boivent mieux.

Non, non,
Point de façon :
Chanson jolie
Ranime la folie ;
Non, non,
Point de façon :
Un bon
Maçon
Doit aimer la chanson.

P. GENTIL.

RONDE MAÇONNIQUE.

AIR : *Du vaudeville de la Garde nationale.*

QUAND l'maillet cesse de faire
En frappant,
Pan, pan, pan, pan, pan, pan,
Aussitôt j'dis à chaque frère :
« Joyeux maçon,
« Une chanson. »

Quand l'amitié nous rassemble,
Quand l'plaisir est notre but,
D'une chanson, ce me semble,
Chacun doit ici l' tribut.

Quand l'maillet cesse de faire, etc.

Qu'ailleurs l'amour me désole,
Que Lise trompe mes feux,
Ici l'bon vin me console,
L'amitié me rend heureux.

Quand l'maillet cesse de faire, etc.

Qu'un autre que moi s'applique
A gouverner le genre humain ;
Au diable la politique!
J'aime mieux un gai refrain.

Quand l'maillet cesse de faire, etc.

Qu' d'autres dévastent la terre,
L'histoir' redira leurs noms :
Au chagrin faisons la guerre,
Frères, voilà nos canons.

Quand l'maillet cesse de faire, etc.

On n' connaîtrait plus c' mot d' guerre,
Si, docil's à mes leçons,
Tous les peuples de la terre
Un beau jour, s' faisaient maçons.

Quand l' maillet cesse de faire, etc.

Que dans un cercle on s'ennuie,
Et que l'on bâille aux sermons ;
Qu'on dorme à l'académie ;
On chante chez les maçons.

Quand l' maillet cesse de faire,
En frappant,
Pan, pan, pan, pan, pan, pan,
Aussitôt j' dis à chaque frère :
Joyeux maçon,
Une chanson.

PAUL GENTIL.

L'ENFANT DE SALOMON.

Air : *De l'Enfant du cabaret.*

Je suis l'enfant de Salomon ;
Dans son temple je pris naissance ;
Mon père, en me donnant son nom,
Prit soin d'élever mon enfance ;
Je devais briller à sa cour,
Maçon dès mon heure première ;
Quand ma mère me mit au jour,
Je reçus deux fois la *lumière*.

Jamais d'aucun étroit lien
Mon corps n'endura le supplice ;
Hiram fut mon premier gardien,
Et sa femme fut ma nourrice.
Au milieu d'un vaste *atelier*
Mon berceau fut bâti par elle ;
Pour lange j'eus un *tablier*,
Et pour hochet une *truelle*.

2.

Entre l'*équerre* et le *compas*
Hiram dirigea mon jeune âge;
De dangers en semant mes pas,
Il sut *éprouver* mon courage.
A trois ans, apprenti maçon ;
Jusqu'à *cinq* je me fis connaître;
Alors on me fit compagnon ;
A sept ans j'étais passé maître.

Près des plus illustres maçons
Je puis me placer, je l'espère,
Car j'ai profité des leçons
Du grand Hiram et de mon père;
Ce dernier me disait souvent :
« Un maçon, pour vivre avec gloire,
« Doit se délasser en buvant,
« Et bien travailler pour mieux boire. »

PAUL GENTIL.

CONSEILS A MES FRÈRES.

AIR : *C'est l'eau qui nous fait boire.*

Nous vous laissons gémir,
Moines à fronts sévères,
Qui ne dites que : « Frères,
« Frères, il faut mourir. »
Nous, de toute humeur noire
Pour mieux nous exempter,
Il faut chanter et boire,
Il faut boire et chanter.

Assidus aux leçons
Qu'on donne dans nos temples,
Frères, servons d'exemples
Au reste des maçons.
Mais si du *réfeotoire*
L'odeur vient nous tenter,
Il faut chanter et boire,
Il faut boire et chanter.

Moi je laisse en repos
Le profane vulgaire,
Et ne m'alarme guère
De ses fades propos.
De tout ce qu'il peut croire,
Sans nous épouvanter,
Il faut chanter et boire,
Il faut boire et chanter.

Si dans certains pays
Une secte hypocrite,
Que le bonheur irrite,
Nous traite en ennemis.
Si les méchans sout gloire
De nous persécuter,
Il faut chanter et boire,
Il faut boire et chanter.

Sans soucis, sans chagrins,
Traversons cette vie ;
En dépit de l'envie,
Coulons des jours sereins.
Et si la barque noire
Vient pour nous emporter,
Il faut chanter et boire,
Il faut boire et chanter.

Paul Gentil.

LES ÉPREUVES.

Air : *De la Croisée.*

Ou : *De l'Opéra comique.*

Frères, pour suivre les leçons
En vogue dans vos sanctuaires,
Vous savez que les francs-maçons
Doivent tout souffrir pour leurs frères
Si vous m'écoutez sans dormir,
De votre amour j'aurai la preuve ;
Car je vais vous faire subir
    Une bien rude épreuve.

Malgré le bruit, malgré l'éclat,
Malgré l'intérêt de leurs trames,
Quoi de plus sot, quoi de plus plat
Que tous ces pauvres mélodrames !
Lorsque nous y bâillons..... Hélas !
Pourquoi faut-il qu'il nous en pleuve ?
On ne se lassera donc pas
    De nous mettre à l'épreuve.

A son libraire un écrivain
Dit en apportant un poëme :
« Remettez-moi l'épreuve en main,
« Je veux la corriger moi-même. »
Ah ! de nos jours, pour alléger
Les chagrins dont on les abreuve.....
Que d'auteurs devraient corriger.....
    L'ouvrage avant l'épreuve !

Le vieux Mondor voulut un soir
Tâter de la maçonnerie ;
Mais l'Amour trompa son espoir,
Et lui fit une espièglerie ;
Pour l'éprouver il lui donna
Une fillette fraîche et neuve ;
Et le pauvre homme succomba
    A la première épreuve.

Dans nos temples, quand nous buvons,
Moi, je voudrais, pour notre gloire,
Que l'on ne reçût francs-maçons
Que tous les gens qui savent boire.
Alors d'un vin frais et divin
S'il fallait avaler un fleuve,
Dussé-je tomber en chemin,
    Je tenterais l'épreuve.

S'il fallait, pour entrer chez nous,
Que maint jeune homme fût moins leste,
Qu'un commis fût aimable et doux,
Ou bien qu'un auteur fût modeste ;
Qu'un juge fît parler les lois,
(Et qu'il nous en donnât la preuve);
Beaucoup de gens craindraient, je crois,
    D'être mis à l'épreuve.

Aux épreuves, sans contredit,
Moi d'avance je me résigne ;
Si vous m'éprouvez par l'esprit,
D'être avec vous je suis indigne ;
Mais s'il faut porter nos bienfaits
Chez l'orphelin et chez la veuve,
Soir et matin je vous promets
    De me mettre à l'épreuve.

BRAZIER.

COUPLETS

Chantés à la réinstallation de la ∴ R∴ ☐ de la Simplicité
à l'Or∴ d'Anet.

AIR : Du vaudeville de *la Danse interrompue.*

Joyeux maçons, chanter est notre usage ;
Dans ce beau jour, n'allons pas l'oublier.
Moi, pour refrain j'ai certain vieil adage
Que sans façon j'ai su m'approprier :
Bacchus sourit, frères, prenons courage ;
Toujours à l'œuvre on connaît l'ouvrier.

De ce séjour dispersés par l'orage,
Plaisir pour nous ne devait plus briller ;
Mais il revint à la voix de ce sage
Qui sur son cœur a su nous rallier ;
Notre union, frères, est son ouvrage :
Toujours à l'œuvre on connaît l'ouvrier.

Frères, buvons à l'ami respectable,
Joyeux soutien d'un joyeux atelier ;
Jusqu'à demain, autour de cette table,
Le verre en main, sans nous faire prier,
Vidons vingt brocs de ce jus délectable :
Toujours à l'œuvre on connaît l'ouvrier.

PAUL GENTIL.

LA FIDÉLITÉ,

HOMMAGE MAÇONNIQUE

A LA LOGE DE LA FIDÉLITÉ (Orient d'Alençon).

AIR : Du vaudeville, *Les Maris ont tort.*

Des clés en main, de blanc parée,
Ayant un chien à son côté,
De fleurs et de fruits entourée,
Quelle est cette divinité ?
Près des Dieux je vois sa statue,
Dont s'honorait l'antiquité ;
C'est ta protectrice assidue,
Loge de la Fidélité.

Fidélité, vierge sacrée,
Toi qui présides en ces lieux,
Descends de la voûte azurée,
Brûle en nos cœurs, serre nos nœuds.
Quelle solennité chérie !
Eh ! n'est-ce pas avoir fêté
Notre patrone et notre amie,
Que chanter la Fidélité ?

3

Des vrais maçons parfaits modèles,
Frères, jurons tous, en ce jour,
En amitié d'être fidèles,
D'être fidèles en amour.
En amitié comme en tendresse,
Qui cherche la félicité,
A ses amis, à sa maîtresse,
Doit garder la fidélité.

Grâce à l'architecte suprême,
Grâce à ses constantes bontés,
Nous trouvons partout un emblême
Qui supplée aux réalités :
Cet azur qui luit sur nos têtes
Annonce, en sa sérénité,
Aux cieux l'absence des tempêtes,
Dans nos cœurs la fidélité.

Pour l'indigence abandonnée
Veiller avec soin nuit et jour;
A nos enfans, à l'hyménée,
Payer un long tribut d'amour;
Par une chaîne fraternelle
Unir toute l'humanité,
Au devoir, au bon cœur, au zèle,
C'est montrer la fidélité.

Louis Dubois, R∴ †.

LA BANNIÈRE
DES CHEVALIERS ROSE-CROIX.

Air : *Ce Magistrat irréprochable.*

De l'ardeur d'une fausse gloire
Nos cœurs ne sont point animés ;
Pour une sanglante victoire
Nos bras ne sont jamais armés ;
De l'ambition trop cruelle
Nous ne défendons pas les droits ;
L'amitié seule nous appelle
Sous la bannière de la croix.

De l'infortuné les alarmes
Sous nos pas ne naissent jamais ;
S'il verse, en nous voyant, des larmes,
Sans doute il songe à nos bienfaits.
Oui, nous dédaignons la victoire ;
Mais la France vit, maintes fois,
Combattre et mourir pour sa gloire
Plus d'un chevalier Rose-Croix.

Des profanes l'orgueil extrême
A séparé tous les mortels ;
Le crime aspire au diadême ;
La richesse obtient des autels ;
A ces abus nos lois contraires,
De l'homme consacrent les droits ;
Nous sommes tous égaux et frères
Sous la bannière de la Croix.

Tous nos jours sont mêlés de peines ;
Mais Dieu, pour consoler nos cœurs,
Voulut que parfois sur nos chaînes
Le Plaisir jetât quelques fleurs.
Le bien au mal se joint sur terre ;
Et c'est pour l'exprimer, je crois,
Qu'on peignit sur notre bannière
Une rose auprès d'une croix.

Pour éclairer, guider nos âmes,
La Vérité nous apporta
Ce feu céleste dont les flammes
Brillent sur l'autel de Vesta.
Des Vertus, dans notre carrière,
Nous suivons les chemins étroits,
Et l'Honneur porte la bannière
Des vrais chevaliers Rose-Croix.

Le F∴ QUENTIN.

~~~~~~

LA VÉRITABLE HUMANITÉ.

Air : *De la Béquille.*

La lanterne à la main,
En plein jour, dans Athène,
Tu cherchais un humain,
Sévère Diogène.
De tous tant que nous sommes
Visite les maisons,
Tu trouveras des hommes
Chez tous les francs-maçons.

L'heureuse Liberté
A nos banquets préside ;
L'aimable Volupté
A ses côtés réside.
L'indulgente Nature
Unit, dans un maçon,
Le charmant Epicure
Et le divin Platon.

3.
~~~~~~

Pardonne, tendre Amour,
Si dans nos assemblées
Les nymphes de ta cour
Ne sont point appelées.
Amour, ton caractère
N'est pas d'être discret :
Enfant, pourrais-tu taire
Notre fameux secret?

Tu fais assez de maux,
Sans troubler nos mystères ;
Tu nous rendrais rivaux,
Nous voulons être frères.
Notre chère famille
Redoute les débats
Qu'enfante la béquille
Du père *Barnabas.*

Toutefois ne crois pas
Que des âmes si belles
À voler sur tes pas
Soient constamment rebelles.
Nos soupirs font l'éloge
Des douceurs de ta loi ;
Au sortir de la loge,
Tout bon frère est à toi.

LE PLUS PARFAIT DE TOUS LES FEUX.

CANTIQUE BACHICO-MAÇONNIQUE,

POUR L'INSTALLATION D'UNE L⬚.

AIR : *Tenez, moi, je suis un bonhomme.*

A chanter je dois me résoudre ;
Je suis Français, je suis maçon ;
C'est dire que j'aime la poudre
De l'une et de l'autre façon.
Sachant qu'un couplet froid rebute
Pour peu que l'air soit langoureux,
Pour les miens j'ai choisi pour chute,
Le plus parfait de tous les feux.

Trop long-temps d'un épais nuage
L'erreur cacha la vérité ;
Des maçons le plus bel ouvrage
Est d'éclairer l'humanité.
Si, pour prix de notre constance,
Le succès couronne nos vœux,
Il faut faire, en réjouissance,
Le plus parfait de tous les feux.

Si l'auguste maçonnerie
Rencontra d'obscurs détracteurs,
De grands princes, dans leur patrie,
S'en déclarèrent protecteurs.
Narguant tous les censeurs sévères,
Je suis au comble de mes vœux
Quand je puis faire, avec des frères,
Le plus parfait de tous les feux.

Gardons à jamais la mémoire
D'un jour aussi cher à nos cœurs ;
Frères, si vous daignez m'en croire,
Buvons à nos installateurs.
Au sein de nos sacrés mystères,
Que pouvons-nous faire de mieux
Que d'offrir à ces dignes frères
Le plus parfait de tous les feux.

D'avoir trompé votre espérance
Je ne crains pas de m'accuser ;
D'une fraternelle indulgence
Mon cœur ne veut point abuser.
Si mes couplets sont somnifères,
Si mon cantique est ennuyeux,
Faites, pour les brûler, mes frères,
Le plus parfait de tous les feux.

Le F∴ GILLE.

LE TABLIER.

Air : *Du Myrte français*

Le Maçon seul connaît le vrai bonheur ;
Ses jours screins s'écoulent sans orage ;
    Sa jouissance tient au cœur,
    Et ne souffre point d'alliage.
L'accacia, le myrte, l'olivier,
    Font sur sa tête un triple ombrage ;
    Et son devoir, des mains du sage
    Fut tracé sur son tablier.

Que le profane inculpe le maçon,
D'un pareil trait faut-il que l'on s'étonne ?
    Nous savons tous que le frelon
    Autour de l'abeille bourdonne.
On cherche en vain à nous calomnier ;
    Notre constance est à l'épreuve,
    Le devoir des fils de la veuve
    Est tracé sur le tablier.

Lorsque l'on voit les profanes haineux
Se déchirer, se déclarer la guerre,
Les maçons s'unissent entr'eux,
D'un pôle à l'autre, par l'équerre.
C'est l'Amitié qui sert de nautonnier
Aux nefs de l'ordre maçonnique ;
Leur *lest* est la pierre cubique,
Et leur voile le tablier.

Dans ses amours, le profane avec soin
Cherche le bruit, le répand sur ses traces,
Quand le maçon n'a pour témoin
Que le Mystère auprès des Grâces ;
Toujours discret, il ne peut s'oublier ;
Leur emprunte-t-il leur ceinture,
En revanche, d'une main pure,
Il leur offre son tablier.

Quand un profane, ivre de sa grandeur,
Voit d'Antium la déesse inconstante
Le livrer en proie au malheur,
Il se désole, il se lamente ;
Mais le maçon brave son joug altier;
Satisfait sous un toit modeste,
Toujours joyeux tant qu'il lui reste
Sa truelle et son tablier.

Le F∴ REGNAULT-DE-BEAUCARON.

RONDE MAÇONNIQUE,

Chantée à la fête du R∴ F∴ M***, Vénér∴ de la L∴
de la Parfaite Réunion, à l'Or∴ de Paris.

AIR : *De la contredanse des drapeaux.*

CHANTONS tous,
Bras d'sus, bras d'sous,
Nos cantiques
Maçonniques.
Chantons tous,
Bras d'sus, bras d'sous,
Notre chef et ses trois coups.

Poudre forte, dans nos seins
Viens de tes feux salutaires
Unir les effets divins
A ceux de nos feux sincères.
Allons, frères,
Haut les verres !

Chantons tous, etc.

Vénérable, quand au ciel
Pour toi je fais ma prière,
Une bouteille est l'autel
Où je crois devoir la faire.
    Allons, frères,
    Haut les verres !

    Chantons tous, etc.

Reçois nos vœux aujourd'hui ;
Car nous pouvons bien, j'espère,
Donner un jour à celui
Qui nous donna la lumière.
    Allons, frères,
    Haut les verres !

    Chantons tous, etc.

Notre œil, à ton teint vermeil,
A ta face orbiculaire,
Doute si c'est le soleil
Ou la lune qui l'éclaire.
    Allons, frères,
    Haut les verres !

    Chantons tous, etc.

Est-il exemple pour nous
Plus doux et plus salutaire?
Hélas! que n'avons-nous tous
Son ventre et son caractère!
    Allons, frères,
    Haut les verres!

    Chantons tous, etc.

Chers amis, n'hésitons pas
A marcher sous sa bannière;
Comment devint-il si gras?
Est-ce à boire de l'eau claire?
    Allons, frères,
    Haut les verres!

    Chantons tous, etc.

Il marque par des bienfaits
Tous les jours de sa carrière;
Et des maçons qu'il a faits
La table est le sanctuaire.
    Allons, frères,
    Haut les verres!

    Chantons tous, etc.

De ce local étranger
L'enceinte extraordinaire
Peut à peine encor loger
Les amis qu'il sut se faire.
Allons , frères ,
Haut les verres !

Chantons tous ,
Bras d'sus , bras d'sous ,
Nos cantiques maçonniques ;
Chantons tous ,
Bras d'sus , bras d'sous ,
Notre chef et ses trois coups.

Le F∴ DÉSAUGIERS.

~~~~~~

JE SUIS MAÇON, JE SUIS FRANÇAIS.

AIR : *On dit que je suis sans malice,*
Ou *de Calpigi.*

Qu'un esclave de la fortune
Chante la grandeur importune ;
Qu'il offre sans cesse aux puissans
Un méprisable et vain encens.
Ma muse inhabile, mais fière,
Chante les fils de la lumière
Et de mon pays les succès :
Je suis maçon, je suis Français.

Lorsqu'à l'envi, toute la terre
Dresse des autels à Voltaire,
La haine, en certain mandement,
Met ce grand homme en jugement.
Que maint cagot lui soit contraire,
Dans mon cœur cet illustre frère
Gagne avec dépens son procès :
Je suis maçon, je suis Français.
~~~~~~

Le mérite n'est plus de mode ;
Il suffit, et c'est plus commode,
Pour rendre importans quelques fats,
D'un parchemin rongé des rats.
Pour moi, que l'on me questionne
Sur les titres que je me donne,
Je veux répondre désormais :
Je suis maçon, je suis Français.

Parmi les princes dont l'histoire
Consacre les noms et la gloire,
Il en est un, frères maçons,
Digne de vos doctes chansons.
Appui de la maçonnerie,
Libérateur de la patrie,
Mon cœur ne l'oublîra jamais :
Je suis maçon, je suis Français.

S'arme-t-on contre notre France,
Un frère est-il dans l'indigence,
A l'un comme à l'autre toujours
Je porte un utile secours.
Voici ma devise chérie :
« A mes frères, à ma patrie,
« Je me suis voué pour jamais :
« Je suis maçon, je suis Français. »

Le F∴ QUENTIN.

~~~~~~

LE BONHEUR MAÇONNIQUE.

Air : *De la contredanse des petits pâtés.*

Ah ! qu'il est doux d'être maçon !
Soyons fiers d'un aussi beau nom,
Et chantons tous à l'unisson :
Vivent les enfans d'Hérodom !

Sur les deux hémisphères
Les maçons répandus,
Sont des peuples de frères
Cités par leurs vertus.
D'une faveur insigne
Comblés eu tous pays,
Ils n'ont qu'à faire un signe
Pour trouver des amis.

Ah! qu'il est doux d'être maçon ! etc.

4.
~~~~~~

Jouissons de la vie ;
Faisons toujours le bien ;
Point de mélancolie ,
Elle ne mène à rien.
Ou qu'il vente, ou qu'il pleuve,
Vivons toujours en paix ;
Les enfans de la veuve
Ne périront jamais.

Ah ! qu'il est doux d'être maçon ! etc.

Quoique très-pacifiques,
Nous faisons feu souvent ;
Mais les feux maçonniques
N'offrent rien d'effrayant.
Si tout comme nos pères
Nous avons des canons,
C'est pour boire à nos frères
Que nous nous en servons.

Ah ! qu'il est doux d'être maçon !
Soyons fiers d'un aussi beau nom ;
Et chantons tous à l'unisson :
Vivent les enfans d'Hérodom !

Le F∴ TISSOT.

L'UNION MAÇONNIQUE.

AIR : *Des frelons bravant la piqûre.*

COMBIEN j'aime à voir dans ce temple
Ce troupeau d'enfans d'Hérodom !
Avec quel plaisir je contemple
Notre enjoûment, notre abandon !
Nous ne craignons pas que la haine
Puisse jamais nous diviser ;
Nous formons une immense chaîne,
Et rien ne pourra (*bis*) la briser.

Des maçons le plus bel ouvrage,
C'est d'être constamment unis,
Et d'offrir, après le naufrage,
Aux infortunés (*bis*) des amis.

En nous formant, si la nature
Nous anima des mêmes feux,
Travail, égalité, droiture,
Devraient nous rendre tous heureux ;

Et des méchans lorsque la rage
Veut seule troubler ce bonheur,
Un maçon doit avec courage
Se montrer l'appui (*bis*) du malheur.

Des maçons le plus bel ouvrage,
C'est d'être constamment unis,
Et d'offrir, après le naufrage,
Aux infortunés (*bis*) des amis.

Guerriers, soutiens de la patrie,
N'allez plus en d'autres climats
Porter vos arts, votre industrie,
Offrir vos talens et vos bras ;
Si l'injustice vous exile,
On vous rend ici des honneurs,
Et ce temple est un *champ d'asile*
Pour nos généreux (*bis*) défenseurs.

Des maçons le plus bel ouvrage,
C'est d'être constamment unis,
Et d'offrir, après le naufrage,
Aux infortunés (*bis*) des amis.

Si sur des rives étrangères
Gémissent encor des Français,

De nos querelles passagères
Ce sont là les tristes effets.
Espérons que bientôt la France
Sera rendue à leur amour ;
Nous avons pleuré leur absence,
Et nous chanterons (*bis*) leur retour.

Des maçons le plus bel ouvrage,
C'est d'être constamment unis,
Et d'offrir, après le naufrage,
Aux infortunés (*bis*) des amis.

Le F∴ FORESTIER.

RONDONCINO.

Air : *Au sein des mers, etc.* (de M. Sans-Gêne.)

Noté n° 1.

D'un bout à l'autre de ce monde,
Notre Ordre répand ses bienfaits ;
Partout de sa bonté féconde
Le malheur bénit les effets.
Que sur une plage lointaine
Un frère coure quelque danger,
Un signe, il voit finir sa peine ;
Un mot, et son sort va changer.
D'un bout à l'autre de ce monde, etc.

Français, que la fortune injuste
Poursuit de climats en climats,
Des frères vous tendent les bras ;
Venez dans cet asile auguste.
D'un bout à l'autre de ce monde,
Notre Ordre répand ses bienfaits ;
Partout de sa bonté féconde
Le malheur bénit les effets.

Le F∴ C. de S....

DÉFENSE DES FRANCS-MAÇONS.

Air : *Si Dorilas, etc.*

Sur un Ordre à jamais auguste,
Dont tu ne sais pas les secrets,
Pourquoi, profane trop injuste,
Sans cesse diriger tes traits ?
Quand tu leur déclares la guerre,
Les maçons voient bien, hélas !
Ou que tu ne les connais guère,
Ou que tu ne les connais pas.

De leur réunion aimable
Est banni l'égoïsme affreux ;
Le maçon, toujours secourable,
Ouvre ses bras au malheureux.
Il sait, pour finir sa misère,
Prodiguer sa bourse et ses pas ;
Ailleurs, c'est ce qu'on ne fait guère ;
Ailleurs, c'est ce qu'on ne fait pas.

Dans ce séjour de la sagesse
Règne une aimable liberté ;
L'éclat du rang, de la richesse,
N'en exclut pas l'égalité.
Les vains préjugés du vulgaire
Tombent sans force sous nos pas ;
Ailleurs, c'est ce qu'on ne voit guère ;
Ailleurs, c'est ce qu'on ne voit pas.

Un maçon méconnaît l'empire
Des haînes, des partis divers ;
La seule humanité l'inspire,
Et tous les hommes lui sont chers.
Entre le compas et l'équerre
Toujours il dirige ses pas ;
Ailleurs, c'est ce qu'on ne voit guère ;
Ailleurs, c'est ce qu'on ne voit pas.

Profane! quand pour toi ma muse
Du maçon trace le portrait,
Je ne crains pas que l'on m'accuse,
Pour te plaire, d'être indiscret.
Il est encor plus d'un mystère ;
Mais, je te l'avoûrai tout bas,
Ceux-là, tu ne les sauras guère,
Ceux-là, tu ne les sauras pas.

Le F.·. QUENTIN.

COUPLETS.

AIR : *Du Pas redoublé.*

AMIS, que la franche gaîté
    Préside à cette table ;
Et buvons tous à la santé
    De notre vénérable.
Bientôt à ce brave guerrier,
    Chéri de la Victoire,
Notre respectable atelier
    Devra toute sa gloire.

Il nous faut, de notre côté,
    Tous redoubler de zèle ;
Sans la plus grande activité,
    Tout ne va que d'une aile.
Surveillans!... au coup de maillet
    Vivement qu'on riposte ;
Nous, aux travaux.... comme au banquet,
    Soyons fermes au poste.

Le Consistoire américain
    Triomphera , j'espère ;
Je suis déjà presque certain
    Du gain de notre affaire.
Sous un chef d'un aussi grand nom,
    Que chacun se surpasse ;
Mais pouvons-nous manquer d'aplomb,
    Commandés par Degrasse ?

           Le F∴. Tissot.

CANTATE

POUR L'INAUGURATION DU BUSTE DE SA MAJESTÉ LOUIS XVIII.

De Louis, de ce Prince auguste,
Ecossais, contemplons le buste.
Chantons le cantique loyal
Des partisans de l'art royal.

Aimer, servir son Roi, mourir pour sa patrie,
Hiram, voilà quels sont les devoirs de tes fils.
Devant Jérusalem, leur cohorte aguerrie
Fut l'effroi du Croissant et la gloire des Lis.

Pour avoir fixé la victoire
Notre Ordre est cité dans l'histoire.
Braves chevaliers d'Orient,
Vous répétiez, en combattant :

Aimer, servir son Roi, etc.

Les maçons, remplis de vaillance,
Ont souvent honoré la France.
En repoussant le Sarrazin,
Ils chantaient ce noble refrain :

Aimer, servir le Roi, etc.

Enfin , les enfans de la veuve
De valeur ont toujours fait preuve.
Fiers de ces guerriers , nos aïeux ,
Répétons aujourd'hui comme eux :

Aimer, servir son Roi, mourir pour sa patrie,
Hiram, voilà quels sont les devoirs de tes fils.
Devant Jérusalem leur cohorte aguerrie
Fut l'effroi du Croissant et la gloire des Lys.

Le F.·. Tissot, G.·.O.·.

LES MAÇONS.

AIR : *Des frelons bravant la piqûre.*

ENFANS de la maçonnerie,
Au Seigneur nous sacrifions ;
Toujours la plus douce harmonie
Préside à nos réunions.
Chacun de nous aime son frère ;
Les vertus que nous pratiquons
Nous vengent assez du vulgaire,
Qui ne connaît pas (*bis*) les maçons.

Mais j'aperçois un néophyte ;
Mes frères, m'en répondez-vous ?
Informez-vous bien s'il mérite
Que nous l'admettions parmi nous.
A l'instant même , qu'on éprouve
Son cœur de plus d'une façon ;
Enfin, il faut chez lui qu'on trouve
Tout ce qui peut faire (*bis*) un maçon.

5.

Candidat, pour voir la lumière
Il faut être un homme de bien,
Etre bon parent et bon père,
Bon époux et bon citoyen;
Il faut encore être sincère,
Donner... sans ostentation;
Ecouter, et, surtout, se taire;
Tels sont les devoirs (*bis*) d'un maçon.

Sous un ingénieux emblême,
Dans nos temples nous travaillons;
Nous adorons l'Etre-Suprême,
Seul moteur de nos actions.
Ah! s'il descendait sur la terre,
N'en doutez pas, chers compagnons,
Son véritable sanctuaire
Serait dans le cœur (*bis*) des maçons.

Le F∴ Tissot, Grand-Orateur.

CANTIQUE

POUR LE RETOUR DU ROI.

AIR : *Pégase est un cheval qui porte.*

MES frères, par votre indulgence
Je fus excusé tant de fois,
Qu'aujourd'hui, plein de confiance,
J'ose encore élever la voix.
Si la faiblesse de ma muse
Du silence me fait la loi,
Je vous offrirai pour excuse
L'amour de l'Ordre et de mon Roi.

Au plaisir, à la douce ivresse,
Chevaliers, donnons ce beau jour ;
Fêtons, dans nos chants d'allégresse,
Louis et Saint-Jean tour-à-tour.
D'un patron que chacun révère,
Dans l'un chantons les soins touchans ;
Fêtons dans l'autre un tendre père
Qui ne vit que pour ses enfans.

Depuis qu'une terre étrangère
Possédait notre bon Louis,
On ne voyait la France entière
Couverte que de noirs soucis;
Aux lis enfin ils ont fait place;
D'un bon Roi fêtons le retour;
Qu'il puisse oublier sa disgrace,
Par le tribut de notre amour.

Enfin notre belle patrie
Jouit du bienfait de la paix;
De Louis bientôt le génie
Amènera d'autres bienfaits.
L'airain, en signe de carnage,
Ne tonne plus dans nos vallons;
De nos fêtes c'est le présage,
Grâces au retour des Bourbons.

Invocation.

Maître des cieux et de la terre,
Toi dont nous adorons la loi,
A tes pieds vois la France entière
T'adresser des vœux pour son Roi.
Protecteur de notre patrie,
De Louis veille sur les jours;
D'une si précieuse vie,
Ah! daigne prolonger le cours.

DUPONT DE BEAUREGARD.

LES ÉCOSSAIS.

Air : *Un soldat par un coup funeste.*

Dans la franche-maçonnerie
On compte de preux chevaliers
Qui dans les champs de la Syrie
Furent moissonner des lauriers.
    L'amour de la gloire,
Sous les bannières de la foi,
Les conduisit toujours à la victoire,
En combattant près de leur Roi.

Un Écossais plein de courage
Vit Louis-Sept dans le danger ;
Il vole au milieu du carnage,
En cherchant à le dégager;
    Et, l'âme attendrie,
Pour ce prince, il tremble d'effroi.....
Il brave tout, il le sauve et s'écrie :
Vive le Roi ! vive le Roi !

Depuis ce temps, les Rois de France
Pour garde ont eu des Ecossais ;
Leur dévoûment et leur vaillance
Ne se démentirent jamais.
  Leur ardeur guerrière
Les fit connaître à Fontenoi ;
Plusieurs d'entr'eux, en mordant la poussière,
Criaient encor : Vive le Roi !
Vive le Roi ! vive le Roi !

    Le F∴ Tissot, G∴ Orat∴

COUPLETS MAÇONNIQUES

POUR LE LENDEMAIN DE LA SAINT-JEAN.

AIR : *Comme j'aime mon Hypolite.*
Ou : *En deux moitiés, dit-on, le sort.*

Nous voilà donc au lendemain
D'une fête auguste et chérie;
Foi de maçon, ce lendemain
Vaut bien hier que l'on envie.
A ce banquet, du lendemain
L'appétit ne s'occupe guères.
Qui peut songer au lendemain,
Lorsqu'il se trouve avec des freres?

L'hymen a bien son lendemain,
Qui souvent ne vaut pas la veille;
Même en amour, le lendemain
Parfois n'opère pas merveille.
Mais dans ces lieux, le lendemain,
Comme hier, le bon vin ruisselle;
Et l'amitié, le lendemain,
Est, comme hier, tendre et fidelle.

Dorval remet au lendemain
Le soin des plus graves affaires ;
Philis remet au lendemain
Celui du plus doux des mystères.
Mais le maçon au lendemain
Pour le bien jamais ne diffère ;
Invoque-t-il le lendemain ,
Pour voler au secours d'un frère ?

Jeunesse pense au lendemain ;
Hier occupe la vieillesse.
L'amant aspire au lendemain ;
Hier n'est plus pour sa maîtresse.
Soleil, puisque le lendemain
Date entre les maux nécessaires,
Triple un jour dont le lendemain
Doit nous séparer de nos frères.

REGNAULT DE BEAUCARON.

COUPLETS

POUR L'INAUGURATION DU BUSTE DE SA MAJESTÉ LOUIS XVIII. F∴

AIR : *Du Dieu des bonnes gens.*

DANS ce banquet qui rassemble des frères
Qu'un nœud sacré rend à jamais unis,
Vertueux chef, toujours tu les resserres
Ces doux liens par eux toujours chéris.
De tes enfans reconnais la tendresse,
Dans un moment qui les rend tous heureux.
De leur plaisir comment peindre l'ivresse?....
    Leur père est avec eux.   (*bis.*)

Oui, devant toi nous jurons de défendre
Les justes droits qu'on veut nous contester ;
Rite ennemi, tu dois un jour te rendre,
Et contre toi nous saurons l'emporter.
Non, ce n'est point une vaine promesse,
Les Ecossais ont des moyens vainqueurs :
La Vérité, la Candeur, la Sagesse,
    Voilà leurs défenseurs.   (*bis.*)

6

Mais j'aperçois, dans ce buste fidèle,
Les nobles traits d'un Roi sensible et bon ;
J'y reconnais son âme paternelle,
Et de Louis sur ma bouche est le nom.
De ses sujets il veut l'accord sincère,
Sous tels rapports qu'ils se trouvent placés ;
Ce sont aussi pour nous les vœux d'un père :
    Ils seront exaucés.   (*bis.*)

Par le F∴ JUDERETS,
Vénér∴ de la R∴ L∴ de la Loge
du Parfait Silence.

CANTIQUE

Chanté à la fête d'ordre et d'installation de la R∴ ☐
des Rigides Observateurs, le 4ᵉ jour du 6ᵉ m∴ 5819,
an de la V∴ L∴

AIR : *Hymne à l'Amitié* (de M. Ch. Duchesne).

MES frères, elle est donc sonnée,
L'heure que nous attendions tous !
D'une nouvelle destinée
L'aurore commence pour nous ;
L'Orient, dans ce sanctuaire,
De la maçonnique lumière
Lançant les rayons protecteurs,
A consacré le temple auguste
Qu'élèvent au Dieu toujours juste
Les Rigides Observateurs.

Lorsqu'au sein d'une paix profonde
Qui charmait ces temps fortunés
Où les seuls habitans du monde
D'Adam étaient les premiers nés,
Abel, au bord d'une onde pure,
Sur un simple autel de verdure

Offrait ses dons à l'Eternel.
Ainsi, content du sacrifice,
Dieu lançait, d'une main propice,
Ses feux sur les dons et l'autel.

Beaux jours du monde en sa naissance,
Vous allez renaître en ces lieux ;
Ici, nulle injuste puissance
N'offre à nous son joug odieux.
Pour présider à nos mystères,
Donnons-nous à l'un de nos frères
Le maillet, signe du pouvoir,
Non loin du trône maçonnique,
Il voit le niveau symbolique
Qui lui retrace son devoir.

Toi qui soutins notre courage,
Qui sus embellir nos travaux,
Contemple, Amitié, ton ouvrage ;
Jouis de nos destins nouveaux.
Lorsque le profane t'exile,
Ce temple t'offre un sûr asile,
Où chacun, mû par tes bienfaits,
Veut, sur l'une et l'autre colonne,
Parer ton front d'une couronne
Qui ne se flétrira jamais.

Lois de l'Univers maçonnique,
Que j'aime vos sages liens !
Dans notre heureuse république
Il n'est point de patriciens.
Chez un peuple de tendres frères,
C'est par ses vertus, ses lumières,
Qu'on s'entoure de quelque éclat :
Telle la rose printannière
Règne sur les fleurs d'un parterre
Par son parfum, son incarnat.

Chez vous, francs-maçons, tout rappelle
Les jours heureux de l'âge d'or ;
La superstition cruelle
Chez vous ne parut point encor.
Vous accueillez avec tendresse,
Quelque sentiment qu'il professe,
Le frère qui vous tend les bras ;
Apôtres de la tolérance,
Le fanatisme et l'ignorance
Tombent où vous portez vos pas

Nobles enfans de la lumière,
Doublez vos efforts généreux ;
Poursuivez l'erreur trop altière
Jusqu'en ses antres ténébreux

6.

Que par vous la Vérité sainte
Sur le trône de l'univers
Se place sans voile et sans crainte ;
Que les peuples, dans leur ivresse,
Disent : « Les fils de la Sagesse,
« Les maçons, ont brisé nos fers. »

Le F∴ QUENTIN,
V∴ de L∴ R∴ ☐ des Rigides Observateurs.

~~~~~~

LA RÉCEPTION DE GREGOIRE.

Le néophyte fut introduit dans le temple avec les cérémonies accoutumées. C'était un gros papa de bonne mine, le teint fleuri, les yeux vifs et la panse arrondie. Le V∴ vit bien à qui il avait affaire, et il procéda de suite à son interrogatoire de la manière suivante :

AIR : *Ça n'dur'ra pas toujours.*

LE V∴

Es-TU né dans la France?
Comment te nomme-t-on?

GRÉGOIRE.

En Bourgogn' j'pris naissance,
Et Grégoire est mon nom.

TOUS LES MEMBRES DE LA L∴

Bene respondere !
Dignus est intrare
In nostro corpore.
~~~~~~

Le V∴

Comment vis-tu, Grégoire?

Grégoire.

J'puis vous l'dir' sans détour :
J'passe mes jours à boire ;
La nuit, je fais l'amour.

Tous les M∴ de la L∴

Bene respondere !
Dignus est intrare
In nostro corpore.

Le V∴

Aimes-tu bien ta belle?

Grégoire.

Demandez à Lison ;
Je quitte tout pour elle,
Excepté mon flacon.

Tous les M∴ de la L∴

Bene respondere !
Dignus est intrare
In nostro corpore.

Le V∴

Quand tu vois l'Indigence?....

Grégoire.

J'l'accueille avec bonté,
Je calme sa souffrance,
Et j'bois à sa santé.

Tous les M∴ de la L∴

Bene respondere !
Dignus est intrare
In nostro corpore.

Le V∴

Il faut encor, mon brave,
Faire ton testament.

Grégoire.

Mon seul bien est ma cave,
J'la donne au plus gourmand.

Tous les M∴ de la L∴

Bene respondere !
Dignus est intrare
In nostro corpore.

*****

LES LOGES.

VAUDEVILLE MAÇONNIQUE.

AIR : *Trouverez-vous un Parlement.*

Une loge nous sert partout,
Et souvent mérite un éloge ;
D'un bout du monde à l'autre bout,
Chez l'Iroquois, chez l'Allobroge ;
Chez le peuple orné d'un turban,
Chez les sujets de l'ancien doge :
D'un usage plus ou moins grand,
En tous les lieux est une loge.

Dans un réduit mystérieux,
Raison, jamais tu ne condamnes
De vrais amis un choix heureux,
Fuyant les regards des profanes.
Notre statut fut décrété
Par toi ; jamais tu ne l'abroges.
Pour les vertus, pour la gaîté,
Toi-même as préparé nos loges.

Laissons le Tartuffe au cou tors,
A l'œil hargneux, aux pas obliques,
Rugir lorsqu'on rit de ses torts
De ses forfaits, de ses pratiques.
Ah ! qu'on nous le donne souvent,
Ce drame où l'esprit ne déroge!
A ce spectacle intéressant
Retenons la première loge.

Erreurs, préjugés, vanité
En qui tant de sottise abonde,
Triple et puissante déité,
Vous craignez qu'on ne vous confonde.
Cerveaux creux en toutes saisons,
Loin de qui la raison déloge,
Pour vous aux Petites-Maisons
Ajoutons mainte et mainte loge.

Soyons, sans médire, amusans ;
Vertueux sans être sévères ;
Nos jeux en seront plus piquans ;
Nos peines seront moins amères.
Que l'heure aimable du plaisir
Décemment sonne à notre horloge ;
A qui connaît l'art de jouir,
Le Bonheur doit ouvrir sa loge.

Quel est ce modeste réduit
Où, dans la plus étroite enceinte,
Si discrètement s'introduit
Le sentiment, exempt de feinte?
Il ne doit pas être oublié,
Le cœur en doit faire l'éloge;
De Socrate et de l'Amitié
Chacun y reconnaît la loge.

Règne à jamais sur tous les cœurs;
Réchauffe les âmes glacées;
Soumets à tes charmes vainqueurs
Nos vœux, nos sens et nos pensées.
Que l'Art de plaire et l'Art d'aimer
Composent seuls ton Eucologe,
Toi pour qui vaincre c'est charmer,
O toi dont Cythère est la loge!

L. DUBOIS, R ∴ ✝ ∴

LES TROIS TEMPLES.

Couplets adressés à la Grande-Maîtresse de la Mère-Loge de ***, et chantés dans un banquet de réunion.

AIR du vaudeville : *Les Maris ont tort.*
Ou : *J'ai vu partout dans mes voyages,*

L'AMOUR, pour embellir Cythère,
Fit un appel à tous les Arts ;
Et l'on vous vit, à sa prière,
Vous ranger sous ses étendarts.
Le Plaisir y suivit vos traces ;
Il travailla sur vos dessins,
Et l'on vit le *Temple des Grâces*
Devenir l'œuvre de vos mains.

Bientôt votre main secourable
Travailla pour l'humanité :
A soulager le misérable
On connaît votre activité.
Espoir de la faible indigence,
Grâces à vos soins généreux,
Le Temple de la Bienfaisance
Est l'asile des malheureux.

7

Ah! poursuivez votre carrière ;
Vous ne pouvez que réussir :
La Beauté sous votre bannière
Se range pour vous obéir.
Tout vous rend, ô Grande-Maîtresse!
Les hommages qui vous sont dus.
Que le *Temple de la Sagesse*
Brille à jamais de vos vertus!

Le F∴ ROUTIER.

DIEU, LA PATRIE ET MON FRÈRE.

Chanté le jour de la fête de l'Ordre, 27ᵉ j∴ 4ᵉ m∴ 5819,
dans la R∴ ▢ de la Philantropie, O∴ de St.-Quentin.

AIR : *Français, quel est ce chevalier ?*

LE disque brillant du soleil
Semble s'arrêter sur nos têtes ;
Et la Nature, à son réveil,
Commande et partage nos fêtes.
   Du maçon au pervers,
Et du héros jusqu'à l'insecte,
Tout ressent, dans cet univers,
Les bienfaits du grand Architecte.

Sages maçons, célébrons, en ce jour,
   Et ses travaux et notre amour.

Avec les frimas des hivers
S'apaisent toutes nos querelles ;
Le Fanatisme est dans les fers,
La Liberté reprend ses ailes.

L'étranger, pour jamais,
De son joug pesant nous délie;
Et sans crainte tout bon Français
Chante la gloire et sa patrie.

Braves maçons, offrons-leur, en ce jour,
Nos cœurs, nos bras et notre amour.

Suivons un devoir signalé
Que l'humanité nous ordonne;
De nos secrets il est la clé;
De notre temple il est le trône.
Tandis que du Plaisir
La coupe à longs traits nous abreuve,
Entendez-vous au loin gémir
Les pauvres enfans de la veuve?

Aux malheureux prodiguons, en ce jour,
Et nos bienfaits et notre amour.

CH. QUENTIN,

Secrétaire de la R∴ ⬜ de la Philantropie,
O∴ de Saint-Quentin.

CANTIQUE,

Composé à l'occasion de la réunion des membres de la L⬚ des Enfans de Mars et de Neptune, dans le T∴ des Rig∴ Obs∴

AIR : *De la pipe de tabac.*
Ou : *Ainsi jadis un grand prophéte.*

ENFANS de Mars et de Neptune,
Que je retrouve dans ces lieux,
Ne redoutons plus l'infortune;
Espérons des jours plus heureux.
Oublions, dans notre patrie,
L'ennemi qui fut sans pitié;
Goûtons, dans la maçonnerie,
Les plaisirs purs de l'amitié.

Au fond de l'antique Ibérie,
La Victoire a fui nos drapeaux;
La liberté nous fut ravie,
Après de glorieux travaux.
Nous avons, souffrant mille peines,
Langui dans les fers d'Albion;
Mais pour nous il n'est plus de chaînes
Que la chaîne de l'union.

7.

Frères , le bonheur d'être ensemble
Depuis long-temps fait mon désir ;
Puisque ce beau jour nous rassemble,
Qu'il soit marqué par le plaisir.
Si vous voulez donner l'exemple
De l'union aux visiteurs,
Revenez souvent dans le temple
Des Rigides Observateurs.

Le F∴ GILLE,

Du souv∴ Ch∴ de St.–Auguste, et de la R∴ L⊡
des Rigides Observateurs, O∴ de Paris.

~~~~~~

CHANT MAÇONNIQUE,

POUR L'INSTALLATION DE LA L∴ DES RIGIDES OBSERVATEURS.

(Le refrain se chante en l'accompagnant d'une batterie, commandée par celui qui chante, depuis *Bas les canons*; ce qui se fait en frappant sur la table, avec ensemble; tous les F∴ frappent leurs verres contre celui de leurs voisins, à droite et à gauche alternativement. Le dernier coup seulement retombe sur la table.)

· AIR noté.

HONNEUR, honneur à la maçonnerie ;
C'est elle, amis, qu'ici nous célébrons.   } *bis en ch.*
Haut les canons !
Bas les canons !
Et tic et toc, c'est notre batterie ;
Et tic et toc, vivent les francs-maçons !

Frères, surtout point de mélancolie,
Dans le beau jour qu'ici nous célébrons.   } *bis en ch.*
Haut les canons !
Bas les canons !
Et tic et toc, c'est notre batterie ;
Et tic et toc, vivent les francs-maçons !
~~~~~~

(80)

Au triple feu de notre artillerie,
Scellons ce jour où nous nous installons. } *bis en ch.*
       Haut les canons !
       Bas les canons !
Et tic et toc, c'est notre batterie ;
Et tic et toc, vivent les francs-maçons !

Grâce au flambeau de la philosophie,
De la raison nous suivons les leçons. } *bis en ch.*
       Haut les canons !
       Bas les canons !
Et tic et toc, c'est notre batterie ;
Et tic et toc, vivent les francs-maçons !

Buvons, enfin, buvons à la patrie !
A ses soutiens, à nos frères, buvons ! } *bis en ch.*
       Haut les canons !
       Bas les canons !
Et tic et toc, c'est notre batterie ;
Et tic et toc, vivent les francs-maçons !

Le F∴ GILLE,

du Souv∴ Ch∴ de Saint-Auguste, et de la
L⬚ des Rigides Observateurs.

LA VIE DU ROI SALOMON,

AIR : *Vive Henri-Quatre!*

NOTRE origine
Se perd dans les vieux temps,
Moi, j'imagine
Que nos premiers parens
Vidaient chopine
Comme leurs descendans,

Trinquons;
Mastiquons;
Si l'on nous fronde,
A la ronde,
Trinquons,
Mastiquons;
Amis, nous nous en moquons.

Refrain
de
Grétry.

L'art maçonnique
Nous vient de Salomon;
Si l'on se pique
D'imiter ce patron,
Que la barrique
Humecte le canon,

Trinquons,
Mastiquons ;
Si l'on nous fronde,
A la ronde, etc.

Qu'on le renomme
Pour avoir bien vécu ;
Il faut voir comme
Ce Roi, plein de vertu,
Fit pendre un homme
Pour le faire c....

Trinquons,
Mastiquons ;
Si l'on nous fronde, etc.

Ce Roi, mes frères,
Avait cinq cents tendrons.
Dieu ! que d'affaires !
Il les coulait *à fond*.
On ne voit guères
Chez nous de Salomon.

Trinquons,
Mastiquons ;
Si l'on nous fronde, etc.

Un jour, le sire
Dit à chaque catin :
  « Qu'on se retire ;
« La vieillesse m'atteint:
  « On pourrait dire
« Que je suis libertin. »

    Trinquons,
  Mastiquons, etc.

  Hélas ! chacune
Sortit les yeux noyés.
  Quelle infortune !
Le Roi , de ses moitiés
  N'en garda qu'une
Pour lui chauffer les pieds.

    Trinquons,
  Mastiquons , etc.

  L'âge l'accable,
Et le roi Salomon
  Renonce au diable;
Avec dévotion,
  Il meurt à table
D'une indigestion.

Trinquons,
Mastiquons, etc.

Moi, je contemple
Comme il sut nous juger,
Quand, par exemple,
Il fit, pour nous juger,
Au lieu d'un temple,
Une salle à manger.

Trinquons,
Mastiquons ;
Si l'on nous fronde,
A la ronde,
Trinquons,
Mastiquons ;
Amis, nous nous en moquons.

Le F∴ PRADEL.

LES VISITEURS,

VAUDEVILLE MAÇONNIQUE,

Chanté au banquet de la Saint-Jean d'été, dans la Loge
de la Fidélité, à l'Orient d'Alençon.

AIR : *A voyager passant sa vie.*
Ou : *Fidèle époux, franc militaire.*

COMME ici-bas chacun voyage,
Bon ou méchant, triste ou joyeux,
Des visiteurs, sur le passage,
Le cortége est toujours nombreux ;
Mais quand, guidés par la lumière,
Vers notre loge et vers nos cœurs
Ils accourent, certains de plaire,
Frères, chantons les visiteurs.

Anacharsis et Pythagore,
Chers à l'histoire, à la raison,
Dans l'Egypte et la Grèce encore,
De sagesse faisaient moisson ;
A leur patrie un peu sauvage
Portant des préceptes, des mœurs,
Dans ce savant pélerinage,
N'étaient-ils pas des visiteurs ?

8

Que Cook, ainsi que Bougainville,
Bravant les dangers et les mers,
Des arts semant le germe utile,
Fécondent cent climats divers ;
Leur visite expîra les crimes
Des conquérans dévastateurs.
Tantôt cruels, tantôt sublimes,
Que ce monde a de visiteurs !

Si l'Ambition ; l'Avarice,
Chez nous osent se présenter,
Nous leur dirons, sans artifice :
« Ne venez pas nous visiter. »
Mais si l'Amitié nous annonce
L'Amour et les Grâces, ses sœurs,
Voici quelle est notre réponse :
« Salut à ces chers visiteurs. »

Aux Ris, aux Jeux, à la Franchise,
Offrons bon accueil et bon cœur.
Que chez nous ne soit point admise
Fausseté, que suit la Noirceur.
Gaîté, fais notre seule ivresse !
Bons mots et bons vins sont flatteurs.
Fuyez vite, Envie et Tristesse !
N'admettons pas ces visiteurs.

L. Dubois, R∴ †.

JOCRISSE, FRANC-MAÇON.

CHANSON DE RÉCEPTION.

AIR : *Tenez, moi, je suis un bonhomme.*

Je ne puis rester chez personne :
Mes aventur's l'ont ben prouvé ;
Et, malgré le mal que je m'donne,
Je m'vois toujours sur le pavé.
Des maçons j'veux suivre la trace,
Et j'vous en dirai la raison :
Etant *maçon*, si j'suis sans place,
J'pourrai m'bâtir un' bonn' maison.

Des *apprentis* d'ma connaissance
M'offrent d'm'apprendre à travailler :
Un jour, ils ont la complaisance
De m'conduire à leur atelier ;
Eu ch'min faisant, y m'font l'éloge
Des agrémens de leur métier ;
Puis y m'parlent d'*entrer en loge* :
J'crois qu'c'est pour parler au portier.

Ces malins (que le diable emporte !)
Dans l'grand salon entront tout d'go ;
Y m' laissont tout seul à la porte.
Moi, j'reste là comme un nigaud ;
Et puis, dans ces tristes demeures,
Pour calmer mes sens éperdus,
J'trotte à grands pas pendant deux heures :
J'dis que v'là ben des *pas perdus*.

Un sournois vient m'saisir, et j'entre
Dans un endroit terrible à voir :
C'est tout comm' qui dirait un antre,
Où tout c'qui n'est pas blanc est noir.
Sur les murs j'aperçois des têtes....
Jarni ! c'est ça qui fait trembler !
C'est des têtes d'morts si ben faites,
Q'all's ont vraiment l'air de parler.

Comme *j'réfléchis* dans c'te chambre,
Morgué ! v'là ben un aut' tourment !
J'en tremble encor de chaque membre ;
On m'dit q'faut fair' mon testament.
« Eh ! messieurs, j'nai pas besoin d'aide
« Pour vous bâcler c'testament là :
« J'navons rien, c'est tout c'que j'possède...
« Vous en f'rez tout c'qu'il vous plaira. »

Mon sournois m'dit qu'avant d'le suivre,
Faut chercher si j'nai pas d'argent.
J'conservais queuqu'argent en cuivre;
Y me l'prend d'un air obligeant;
S'rendant ensuite à la prière
Que j'li fais d'sortir de ces lieux,
Y m'dit : « *Tu vas voir la lumière....* »
Et m'flanque un bandeau sur les yeux.

On conduit enfin l'pauv' Jocrisse,
En prenant maint et maint détour,
Dans un endroit où chaq' novice
Ne voit q'la nuit quand y fait jour.
On m'fait asseoir, et puis on m'prie
D'boir' d'un vin qu'on m'verse à foison;
Mais j'ai dans l'cœur un' voix qui m'crie :
N'bois pas, Cadet, c'est d'la poison!

J'aval' et j'dis : C'est un' épreuve
Dont je n'pourrai jamais rev'nir.
Mais on veut encor plus d'un' preuve
De mon courage avant d'finir.
Pour me préparer à la s'conde,
Un luron, fort comm' je n'sais quoi,
M'fait *voyager* autour du monde....
Qu'était là pour se moquer d'moi.

8.

J'demande, à la fin, qu'on m'enseigne
C'qui faut savoir pour êt' maçon.
V'là qu'un docteur prétend qu'on m'saigne
Avant de m'donner un' leçon ;
A ces mots, tout mon sang se r'tire,
Et j'dis au saigneur importun :
« N'saignez pas ; mon air doit vous dire
« Que je n'ai pas le *sang* commun. »

Pour épargner les cœurs sensibles,
Je ne veux pas vous raconter
Tous les supplic's vraiment terribles
Que j'eus encore à supporter.
Près d'moi l'on f'sait un bruit du diable ;
L'on soufflait l'feu, r'muait des fers :
J'ai cru, dans c'tumulte effroyable,
Jouer tout d'bon *Jocrisse aux Enfers.*

« Allons ! prépare ta paupière,
M'dit l'président, qu'était un vieux,
Tu vas enfin *voir la lumière*.....»
Tout d'suite on m'découvre les yeux.
J'éprouvais des frayeurs nouvelles ;
Ce mot d'*lumièr'* m'avait frappé :
V'là qu'on m'fait voir trent'-six chandelles ;
Ainsi l'on n'm'avait pas trompé.

Ensuite on va se mettre à table.
Oh ! pour le coup, j'dis, v'là l'bouquet.
L'président, d'un air *vénérable*,
M'invite à m'asseoir au *banquet* ;
Et, par malice, on accompagne
Ce festin, vraiment merveilleux,
De *canons* bourrés en Champagne,
Pour mieux me j'ter d'la *poudre* aux yeux.

On m'avait dit que dans c'te salle
J'allais encore êt' *mal traité* ;
Mais j'vois ben q'c'était d'la cabale ;
Car l'on y boit à ma santé :
Au lieu d'avaler des couleuvres,
J'bois d'bon vin, sans fair' de façons ;
Et j'veux, en dépit des *manœuvres*,
Boire à la santé des maçons.

Pour le F.·. JOCRISSE,

ARMAND-GOUFFÉ

CANTIQUE D'UN APP∴ VIS∴,

A L'INSTALLATION DE LA R∴ ☐ DES ENFANS DE LA V∴ L∴, O∴ DE CHAUNY, 7ᵉ M∴ 5819.

AIR : *Verse encor.*

FRANCS-MAÇONS,
Chantons, aimons, fêtons
Ceux qui portent les noms
D'*Enfans de la Lumière;*
Francs-maçons,
Chantons, aimons, tirons,
Tirons pour chaque frère
Quelques coups de canons.

Le chant impulsif
Renfermé dans sa sphère,
Pour un apprentif
Rend Pégase rétif;
Mais, quoique tardif,
Avec vous il espère
Qu'un travail austère
Le rendra productif.

Francs–maçons,
Chantons, aimons, fêtons, etc.

Mon plus grand motif
De percer le mystère,
Est d'être électif
D'un corps si distinctif ;
Comme vous actif
A faire bonne chère ;
D'être à la misère
Un puissant correctif.

Francs–maçons,
Chantons, aimons, fêtons, etc.

Maçons courageux,
Relevons, en personne,
Ce temple fameux
Qu'ont détruit nos aïeux ;
Maçons amoureux,
Chargeons sur nos colonnes
Nos belles maçonnes,
Au sortir de ces lieux.

Francs–maçons,
Chantons, aimons, fêtons, etc.

Par trois fois , amis ,
Faisons un feu durable ;
   Chargeons pour Louis :
Videz tous , je remplis.
   Faisons trois fois dix
Feux au très-Vénérable ,
   A chaque apprenti ,
Aux frères de Chauni.

   Francs-maçons ,
Chantons , aimons , fêtons ,
Ceux qui portent les noms
D'*Enfans de la Lumière ;*
   Francs-maçons ,
Chantons , aimons , tirons ,
Tirons pour chaque frère
Quelques coups de canons.

Ch.·. QUENTIN, App.·.

LES FRÈRES.

VAUDEVILLE MAÇONNIQUE.

AIR : *En deux moitiés, dit-on, le sort.*

QUE ce nom de frère est charmant !
Quelle aimable idée il rappelle !
Doux au cœur, cher au sentiment,
Il enchante une âme fidelle.
Mais c'est surtout aux vrais maçons
Que ce nom caressant doit plaire.
Avec quel plaisir nous disons :
Tout homme de bien est mon frère.

Sans bandeau, sans arc et sans traits,
L'Hymen présente un front austère ;
Mais son joug offre plus d'attraits,
Si de l'Amour il fait son frère.
Quand *Penn* aux bords américains,
Loin des discordes sanguinaires,
Veut fixer ses nobles destins,
Il bâtit la ville des Frères (1).

(1) Philadelphie.

La Guerre, aux bras ensanglantés,
Parcourant le double hémisphère,
N'offre aux mortels épouvantés
Que les pleurs, le sang, la misère.
Bientôt l'air devient plus serein,
Les fronts paraissent moins sévères,
Quand, brisant le glaive inhumain,
Des rivaux la Paix fait des frères.

Dans la souffrance ou la santé,
Dans l'indigence ou la richesse,
S'il brille par la probité,
Que tout homme nous intéresse.
Germains, Américains, Persans,
Vos affections nous sont chères ;
Tandis qu'hélas ! les seuls méchans,
Les méchans ne sont pas nos frères.

De deux moitiés le genre humain
Fort heureusement se compose ;
Si l'une a le pouvoir en main,
L'autre du vrai bonheur dispose.
L'Amour enflamme tous les cœurs ;
Nous descendons d'un même père....
De nos belles et tendres sœurs
Combien il est doux d'être frère !

L. Dubois, R.·.†.

L'AMOUR MAÇON.

AɪR : *De prendre femme, un jour, dit-on.*
Ou : *Prenons d'abord l'air bien méchant.*

Oɴ dit qu'Amour d'être maçon
Conçut, un jour, la fantaisie ;
Il trouva sans peine un patron
Au sein de la maçonnerie ;
Il arrive, on le fait entrer
Dans un réduit des plus funèbres ;
Mais il sut bien se rassurer :
L'Amour ne hait pas les ténèbres.

« Apprenez-moi, dit-il, le nom
« De ce boudoir de Proserpine :
« *Cabinet de réflexion.*
« Ah ! ce mot affreux m'assassine.
« Ne m'y laissez que peu d'instans ;
« Ce lieu me paraît trop à craindre :
« Car, lorsqu'il réfléchit long-temps,
« L'Amour est bien près de s'éteindre. »

« Médite chaque inscription , »
Crie une voix de basse-taille.
Il lit avec attention ,
Et dit , devant chaque muraille :
« Je suis curieux , j'en conviens ;
« Mais les rangs n'ont rien qui m'étonne ;
« Et quant au courage , on sait bien
« Qu'au plus poltron l'Amour en donne. »

On le descend dans un caveau
D'un aspect sombre et funéraire ;
On l'assied auprès d'un tombeau
Qu'une lueur livide éclaire.
Des ossemens frappent d'abord
Les yeux de l'enfant , qui s'écrie :
« Qu'a de commun avec la mort
« Celui dont émane la vie ?

« — Il faut faire ton testament. » —
« Epargnez-m'en , dit-il , la peine ;
« Je ne laisse , hélas ! en mourant ,
« Que d'un songe la trace vaine :
« Je lègue aux beaux yeux mon flambeau ,
« Mon carquois , mes flèches cruelles ;
« Je lègue à l'Hymen mon bandeau ,
« Aux amans dédaignés , mes ailes. »

Dans le temple il est parvenu,
Avec les formes de coutume,
Les yeux bandés et le corps nu ;
Il n'a pas changé de costume ;
Mais il a l'air embarrassé ;
Son poste n'a rien qui lui plaise ;
Entre deux surveillans placé,
L'Amour ne pouvait être à l'aise.

Aux questions qu'on lui soumet
Il répond avec assurance.
Le vénérable satisfait,
Le premier voyage commence ;
Un grave expert lui sert d'appui ;
En souriant, l'Amour s'écrie :
« Frère, tu remplis aujourd'hui
« L'antique emploi de la Folie. »

Sur les sept péchés capitaux,
L'Amour dit, d'une voix discrète :
« L'*orgueil* n'est pas de mes défauts,
« J'unis le sceptre à la houlette.
« La *luxure*, on la prend souvent
« Pour moi, qui n'y ressemble guère ;
« Mais tout cœur pur, sensible, aimant,
Doit savoir combien j'en diffère.

« A mon ordre, le *paresseux*
« Ne redoute pas la fatigue ;
« L'*emporté* devient doucereux,
« Et l'*avare* devient prodigue.
« Si je suis *gourmand* quelquefois,
« C'est des caresses d'une amie ;
« Jamais au plus puissant des Rois
« L'Amour heureux ne porte *envie*. — »

« Il faut prêter, en ce moment,
« Une obligation sévère. — »
« Volontiers, dit-il ; d'un serment
« L'Amour ne s'embarrasse guère. »
On reconduit à l'Occident
L'aimable récipiendaire.
« Quoi ! dit-il, mon bandeau descend ;
« O mes amis ! qu'allez-vous faire ?

« Pardonnez, je change d'avis :
« L'Amour est sujet au caprice ;
« Mais cette fois, mes bons amis,
« N'en accusez pas ma malice.
« M'ôter mon bandeau, c'est un tour
« Qu'on joue à la nature entière ;
« Las ! je ne serai plus l'Amour,
« Quand j'aurai reçu la lumière.

« Je serai toujours votre ami ;

« Mais souffrez, messieurs, que je sorte ;

« Ma sœur doit régner seul ici ;

« Moi, je vous attends à la porte.

« Si je refuse votre loi,

« Ce n'est pas que je la condamne.

« Vous, joyeux maçons, croyez-moi,

« Aimez toujours l'*Amour profane.* »

***

~~~~~~

POT-POURRI MAÇONNIQUE,

POUR LA FÊTE DE LA SAINT-JEAN.

AIR : *Ça n'dur'ra pas toujours.*

DES salves maçonniques
J'aime l'explosion ;
Vidons tous nos barriques,
Pour prolonger leur son.
A poudre faible ? Non.
A poudre forte ? Bon.
Tirez tous vos canons
En l'honneur des maçons.

AIR : *Corrigeons-les.*

Ne croyez plus que des deux hémisphères
Le sort jaloux ait banni l'âge d'or :
Ne voit-on pas près de vous, mes chers frères,
Les plus beaux jours parfois briller encor ?
Pour embellir le doux nœud qui nous lie,
La consolante et divine Amitié
A de son trône à l'aimable Folie
Offert, je crois, aujourd'hui la moitié.
Ne croyons plus, etc.
~~~~~~

AIR : *Ça fait toujours plaisir.*

Les miracles sont rares :
Ce n'est pas étonnant
Qu'les Dieux en soient avares,
D'puis qu'on est si méchant.
Pourtant je m'en afflige ;
Car on n'peut disconv'nir
Qu'parfois un p'tit prodige
Aux bonn' gens fait plaisir :
Ça fait (*bis*) toujours plaisir.

AIR : *Nous nous marirons dimanche.*

Je ne prétends point
Faire, sur ce point,
L'histoire de quelqu'hermite
Qui vers l'Achéron
Fait fuir le démon
En l'aspergeant d'eau bénite.
Des pas perdus,
Malgré l'Argus,
S'il vient un intrus
Au temple,
Il pourra, ce soir,
Sans lunette, y voir
Un prodige sans exemple.

Air : *De Lindorf.*

La Vérité, non loin des deux colonnes,
Dans un faisceau que veut bannir l'Erreur,
Des souverains enlace les couronnes
Au fer du brave, au soc du laboureur.
L'Orgueil, déçu dans ses vœux téméraires,
Voit dans un lieu que chérit l'Eternel,
L'humble berger, au milieu de ses frères,
Donner au Roi le baiser fraternel.

Même air.

La scène change. En un séjour auguste,
Où l'ont guidé son cœur et ses sermens,
A la Vertu, qu'il adore, le juste
Vient élever d'éternels monumens.
L'infortuné voit, d'un regard stoïque,
Tout l'univers contempler ses malheurs ;
Mais dans le sein de ce temple magique
Du malheureux se tarissent les pleurs.

Air : *De Monsieur Denis.*

C'est aujourd'hui la Saint-Jean,
Frères, souvenez-vous-en ;
Point de refrains sérieux,
   Mais vifs et joyeux :   (*bis.*)
Qui ne fit mal de ses jours,
Doit rire et chanter toujours.

AIR : *Du vaudeville des Poltrons.*

Vivent les francs-maçons !
Point de méchans au monde,
Si celui qui les fronde
Pratiqnait leurs leçons.

An lieu d'armer, fiers potentats,
L'un contre l'autre vos Etats,
Venez travailler avec nous :
   Vous vous aimerez tous.

   Vivent les francs-maçons ! etc.

Jamais, lorsque nous canonnons,
Le triple feu de nos canons
N'envoya, comme en vos discords,
   Personne chez les morts.

   Vivent les francs-maçons ! etc.

Ambitieux, vous êtes fous !
Vous ne vivrez pas plus que nous ;
D'un voyage de quelques jours
   Pourquoi troubler le cours ?

   Vivent les francs-maçons ! etc.

Jamais de l'innocent
Le glaive maçonnique,
Armant un fanatique,
N'a répandu le sang.

Maçons Français, Turcs ou Chinois,
Sont régis par les mêmes lois ;
Un *frère*, à Paris, à Pékin,
Sait épeler.... *enfin*.

Vivent les francs-maçons !
Point de méchans au monde,
Si celui qui les fronde
Pratiquait leurs leçons.

Le F∴ QUENTIN,
V∴ de la R∴ ☐ des Rigides Observateurs.

COUPLETS

CHANTÉS DANS LA LOGE DE LA FIDÉLITÉ, A L'O∴
D'ALENÇON , POUR LE RETOUR DE LA PAIX.

AIR : *Aussitôt que la lumière.*

QUAND la paix et l'abondance,
Quand les arts réparateurs ,
Succèdent partout, en France,
Au ravage, au sang, aux pleurs ,
Français, soyons moins sévères ;
Notre succès est certain :
Ne brisons plus que des verres ;
Ne versons plus que du vin.

Que les filles de Mémoire
Remplacent les Dieux guerriers :
Phébus, comme la Victoire,
N'a-t-il donc pas ses lauriers?
Frères, imitons Minerve,
Qu'on peint, quand la guerre fuit,
Pour l'olivier qui conserve',
Laissant le fer qui détruit.

De la Discorde ennemie,
Qui s'abreuve de venin,
Eteignons la torche impie
Dans de larges flots de vin.
Pendant long-temps si la terre
Nous proclama ses vainqueurs,
Ne combattons qu'à Cythère,
Ne soumettons que des cœurs.

L. Dubois.

RONDE MAÇONNIQUE ET BACHIQUE.

AIR : *Allons aux prés Saint-Gervais.*

SANS soucis et sans façon,
Près d'une table
Délectable,
De Bacchus prendre leçon ;
Voilà les plaisirs du maçon.
Salomon, ce grand prophète,
Qui créa notre art divin,
Aimait, dit-on, la fillette
Et le bon vin.

Sans soucis et sans façon, etc.

Frères qu'ici je contemple,
Vite la truelle en main ;
Car je veux bâtir un temple
Au Dieu du vin.

Sans soucis et sans façon, etc.

Le front barbouillé de lie,
Que j'aime, dans ce festin,
A voir l'aimable Folie
    M'offrir du vin!

Sans soucis et sans façon, etc.

En buvant de l'eau, je nie
Qu'on soit un bon écrivain :
Point de vers, point de génie,
    Sans le bon vin.

Sans soucis et sans façon,
    Près d'une table
        Délectable,
De Bacchus prendre leçon,
Voilà les plaisirs du maçon.

***

APOLOGIE DES FRANCS-MAÇONS.

Air connu.

Quoi! mes frères, souffrirez-vous
Que notre auguste compagnie
Soit sans cesse exposée aux coups
De la plus noire calomnie?
Non, c'est trop endurer d'injurieux soupçons ;
Souffrez qu'à tous ici ma voix se fasse entendre :
Permettez-moi de leur apprendre
Ce que c'est que les francs-maçons.

Les gens de notre Ordre toujours
Gagnent à se faire connaître ;
Et je prétends par mes discours
Inspirer le désir d'en être.
Qu'est-ce qu'un franc-maçon? En voici le portrait.
C'est un bon citoyen, un sujet plein de zèle,
A son Prince, à l'Etat fidèle,
Et, de plus, un ami parfait.

Chez nous règne la liberté
Toujours soumise à la décence :
Nous y goûtons la volupté,
Mais sans que le ciel s'en offense.
Quoiqu'aux yeux du public nos plaisirs soient se
Aux plus austères lois l'Ordre sait nous astreind
Les francs-maçons n'ont point à craindre
Ni les remords, ni les regrets.

Le but où tendent nos desseins,
Est de faire revivre Astrée,
Et de remettre les humains
Comme ils étaient au temps de Rhée.
Nous suivons aujourd'hui des sentiers plus battu
Nous cherchons à bâtir ; et tous nos édifices
Sont ou des cachots pour les vices,
Ou des temples pour les vertus.

Je veux, avant que de finir,
Nous disculper auprès des belles,
Qui pensent devoir nous punir
Du refus que nous faisons d'elles ;
Il leur est défendu d'entrer dans nos maisons ;
Cet ordre ne doit point exciter leur colère ;
Elles nous loûront, je l'espère,
Lorsqu'elles sauront nos raisons.

Beau sexe , nous avons pour vous
Et du respect et de l'estime ;
Mais aussi nous vous craignons tous ,
Et notre crainte est légitime.
Hélas ! on nous apprend , pour première leçon ,
Que ce fut de vos mains qu'Adam reçut la pomme,
Et que sans vos conseils tout homme
Naîtrait peut-être franc-maçon.

Feu GRÉCOURT.

CANTATE MAÇONNIQUE.

AIR : *Français, le signal est donné.*

C'EST à l'ordre des francs-maçons
Que dans sa sagesse profonde,
Le ciel adressa ses leçons,
Pour assurer la paix du monde,
Du flambeau de la vérité
Eclairons les deux hémisphères ;
De l'amour de la liberté
Embrasons le cœur de nos frères.

Toujours unis, toujours Français,
Amis, le verre en main, célébrons nos succès.

On reverra dans tous les temps
Des intrigans,
Malveillans,
Noirs et blancs ;

Mais à leur impuissante rage
Opposons-nous avec courage.
Aux armes ! (*bis*) joyeux maçons ;
Vite aux canons !
Vite aux canons !
Chantons
Et vidons
Vingt flacons.

Loin des méchans et des cagots,
Dans une heureuse solitude,
De narguer les grands et les sots
J'ai dès long-temps pris l'habitude ;
Et lorsque j'arrive au festin,
Bannissant au loin l'humeur noire,
Avec mes amis et du vin
J'aime à chanter et j'aime à boire.

Toujours unis, toujours Français,
Amis, le verre en main, célébrons nos succès.

Fuyons trop de sévérité
Dans le commerce de la vie ;
Car traiter tout avec gaîté
C'est la bonne philosophie :

Les chagrins naissent sous nos pas,
Noyons-les au fond de nos verres ;
Et de tous les maux d'ici-bas
Consolons-nous avec nos frères.

Toujours unis, toujours Français,
Amis, le verre en main, célébrons nos succès.

Le F∴ FORESTIER.

~~~~~~

COMME ON FAIT SON LIT
ON SE COUCHE.

CANTIQUE MAÇONNIQUE.

Air : *Charlemagne, en terminant sa vie.*
(De Jeanne Hachette.)

Comme on fait son lit on se couche,
Un ancien proverbe le dit ;
Frères, ce dicton qui nous touche,
Parmi nous doit être en crédit ;
Et si l'Envie, au regard louche,
S'indigne de notre bonheur,
Répondons-lui, mais sans humeur :
Comme on fait son lit on se couche.

A la porte d'une Excellence
L'intrigant établit son lit,
Pour obtenir, de préférence,
Le premier regard du muphti.
Ce pied-plat que rien n'effarouche,
Sur le mérite obtient le pas.....
Un autre vient, le met à bas.....
Comme on fait son lit on se couche.
~~~~~~

Que ce vieil Orgon est à plaindre !
Il couche sur son coffre-fort ;
La nuit, le jour, je le vois craindre
Qu'on ne lui dérobe son or.
Cet or, que jamais il ne touche,
Enrichira ses deux neveux
Qui pour son trépas font des vœux.
Comme on fait son lit on se couche.

Arrosons le lit de nos braves ;
Pour lui conserver sa fraîcheur,
Vidons nos flacons et nos caves ;
Canons, tonnez en leur honneur !
Car vous et moi, ce qui nous touche,
C'est de revoir nos vieux guerriers
Assis sur des tas de lauriers.
Comme on fait son lit on se couche.

Le F∴ FORESTIER.

LES PAS PERDUS.

VAUDEVILLE MAÇONNIQUE.

AIR : *Madeleine, à bon droit, passa.*

CHERS maçons ! le jour le plus pur,
Grâce à vous , frappe ma paupière.
Ce n'est qu'avec vous qu'on est sûr
De trouver toujours la lumière.
Hors de ces lieux , soins superflus,
     On ne fait plus   (*Ter*)
     Que pas perdus.

Cherche-t-on la douce bonté ,
L'amitié consolante et tendre ,
La simple et franche vérité ,
C'est parmi vous qu'il faut se-rendre ;
Loin de vous et de vos élus ,
     On ne fait plus   (*Ter.*)
     Que pas perdus.

On peut rencontrer quelquefois
Des rivaux de nos anciens sages ,
Imitant leurs gestes , leurs voix ,
Empruntant même leurs usages ;

Mais pour retrouver leurs vertus,
    On ne fait plus   (*Ter.*)
    Que pas perdus.

Dans le monde, mes chers amis ;
Surtout dans le siècle où nous sommes,
Si par malheur on s'est promis
De chercher, de trouver des hommes
A tous leurs devoirs assidus,
    On ne fait plus   (*Ter.*)
    Que pas perdus.

Pour rencontrer de bonnes gens
Ne donnant que de bons exemples,
Accueillant tous les indigens,
Si l'on ne vient pas dans vos temples,
Parmi les humains confondus,
    On ne fait plus   (*Ter.*)
    Que pas perdus.

Que dis-je ? puisque des maçon
Chaque jour grossit la famille ;
De profiter de leurs leçons
Puisqu'aujourd'hui partout on grille ;
Les mortels, au bonheur rendus,
    Ne feront plus   (*Ter.*)
    De pas perdus.

COUPLETS MAÇONNIQUES,

CHANTÉS A LA RÉINSTALLATION DU TEMPLE DES NEUF SŒURS.

AIR : *L'hymen est un lien charmant.*

JOUR heureux ! par toi sont finis
Des regrets, des peines cruelles.
Des *Neuf sœurs* les amis fidèles
Dans leur temple sont réunis.
Ce spectacle m'offre l'image
De voyageurs du même bord,
Qui, dispersés par un orage,
Sauvés presque tous du naufrage,
Se retrouvent enfin au port,
Après un pénible voyage.

O vous ! par qui fut élevé
Ce temple où brillent vos lumières,
Qu'il est doux pour vos jeunes frères,
Par vos mains de le voir sauvé !
C'est un nouveau pélérinage
Que vous allez encor tenter.

Jaloux d'aider votre courage,
Nous bénissons notre partage,
Quand vous daignez nous accepter
Pour vos compagnons de voyage.

Partons, amis, l'esquif est prêt ;
Un doux zéphir enfle les voiles ;
Des Neuf sœurs les vives étoiles
Nous guideront dans le trajet.
Dans ce charmant pélérinage
Les plaisirs seront de moitié ;
Pourrions-nous craindre quelque orage,
Quand, pour charmer notre passage,
Les vertus, les arts, l'amitié,
Sont nos compagnons de voyage ?

Pour trouver toujours des appas
Au sentiment qui nous inspire,
Mes chers amis, plaçons la lyre
Entre l'équerre et le compas.
D'efforts, de talens, de courage,
Nous devons tous notre tribut ;
Et chacun doit par quelque ouvrage
A son tour charmer l'équipage ;
Par ce moyen on touche au but,
Sans s'être aperçu du voyage.

Venez, suivez-nous sur les mers,
Chastes sœurs, divines pucelles ;
Dans vos couronnes immortelles
Entrelacez des pampres verts.
Du Temps pour éviter l'outrage,
Cachez-nous sa faux sous des fleurs ;
Quelquefois dans notre passage,
Du bonheur offrez-nous l'image ;
Et comblez-nous de vos faveurs
Jusques à la fin du voyage !

SERVIÈRE.

RONDE D'ADOPTION.

AIR : *Du vaudeville du Remouleur et la Meunière.*

Oui, l'ivresse a des douceurs ;
    Mes frères,
    Prenons nos verres,
Et, sans crainte des censeurs,
Chantons le vin et nos sœurs.

Près de nous quand, tour-à-tour,
A table, je vous contemple,
De Bacchus et de l'Amour,
Mes sœurs, je crois voir le temple.

Oui, l'ivresse a des douceurs, etc.

De cette aimable liqueur
Versez rasade complète :
Amour me trouble le cœur,
Que Bacchus trouble ma tête !

Oui, l'ivresse a des douceurs, etc.

A vos attraits, tour-à-tour,
De boire je me propose.
Si je m'enivre en ce jour,
Mes sœurs, vous en serez cause.

Oui, l'ivresse a des douceurs, etc.

Mais je m'égare, vraiment ;
Par une erreur singulière,
J'allais, pour celui d'amant,
Oublier le nom de frère.

Oui, l'ivresse a des douceurs, etc.

Le législateur divin
Qui fit notre premier temple,
Aimait la femme et le vin ;
Et nous suivons son exemple.

Oui, l'ivresse a des douceurs,
     Mes frères, etc.

Convenez donc, sans façon,
Que c'est à tort qu'on nous raille ;
Où trouver mieux qu'un maçon,
Quand par cinq fois il travaille ?

11.

Oui , l'ivresse a des douceurs ;.
Mes frères ,
Prenons nos verres ,
Et , sans crainte des censeurs ,
Chantons le vin et nos sœurs.

Le F.·. JULES P.....

COUPLET DE CLOTURE

DES BANQUETS D'ADOPTION.

AIR : *Frères et compagnons.*

JOIGNONS-NOUS main en main ;
Tenons-nous ferme ensemble ;
Rendons grâce au destin
Du nœud qui nous rassemble ;
A toutes les vertus
Ouvrons nos cœurs en fermant cette loge ;.
Et que jamais à nos statuts
Nul de nous ne déroge.

J'AI VU LA LUMIÈRE,
ou
M. CRÉDULE CORRIGÉ.

AIR : *Rendez-moi, etc.*

LONG-TEMPS j'ai cru que pour être heureux,
Y'n'fallait qu'être sage ;
J'croyais aussi q'des cœurs généreux
L'bonheur était l'partage.
Je m'disais : L'mérite, sans appuis,
Doit suffire pour qu'on prospère ;
Mais j'ai vu la lumière depuis,
Mais j'ai vu la lumière.

J'ai cru long-temps à tous les sermens
Qu'on débite à la ronde ;
J'croyais même à ceux de nos amans,
D'la meilleur' foi du monde ;
J'croyais qu'on avait de vrais amis,
Même jusque dans la misère ;
Mais j'ai vu la lumière depuis,
Mais j'ai vu la lumière.

Certain jour, qu'on donnait aux Français
    Un' nouvell' comédie,
J'cours la voir... Ah ! bon Dieu ! quel succès !
    Comme elle fut applaudie !
J'crus qu'enfin, parmi nos grands esprits,
    On v'nait de r'trouver un Molière ;
Mais j'ai vu la lumière depuis,
    Mais j'ai vu la lumière.

Long-temps j'ai cru q'les francs-maçons
    Etaient d'ces bons apôtres
Qui s'disaient : « Ensemble jouissons,
    « Et laissons là les autres. »
J'croyais q'vivre heureux et sans soucis,
    De leurs lois était la première ;
Mais j'ai vu la lumière depuis,
    Mais j'ai vu la lumière.

HYPOLITE.

ÉCHELLE D'ADOPTION.

POT-POURRI.

Air . *Le Ciel, mes sœurs* (des Visitandines).

Le ciel, mes sœurs, vous tienne en joie !
De fleurs venez semer la voie
Qui mène droit au paradis ;
Par votre doux aspect mes accens enhardis ,
De vos âmes simples et bonnes
En ce jour vont chanter les charmes séducteurs ;
Heureux, heureux, jeunes maçonnes, (*Bis.*)
Qui verra le premier la lumière en vos cœurs !

Air : *Il est des amusemens.*

Ah ! quel spectacle enchanteur
De voir ce cordon d'albâtre ,
Par un assaut de blancheur
Charmer notre œil idolâtre !
De la Beauté joyeux théâtre ,
Qui peut égaler ta fraîcheur ?   (*Bis.*)
Ah ! de désirs ,
De plaisirs ,

Quelle source délectable !
Mais, je ne sais pas pourquoi
Je n'aime pas qu'une table   (*Bis.*)
Soit entre ma sœur et moi.

AIR : *Aussitôt que la lumière.*

Quand jadis, comme on l'assure,
Jean dans le désert prêcha,
Ce n'est pas, je vous le jure,
Son plaisir qu'il y chercha ;
Et d'un cercle égal au nôtre
S'il eût pu se rapprocher,
Il n'eût pas, le bon apôtre,
Passé son temps à prêcher.

AIR : *Tous les bourgeois de Chartres.*

Mais quel soupçon profane
Dans ce temple béni !
Frères, je me condamne,
Et dois être puni ;
Or donc, sans balancer,
Que toutes nos maçonnes,
Sur moi promptes à s'élancer,
Tour à tour viennent me placer
Entre les deux colonnes !

(131)

Air : *Adieu, je vous fuis, bois charmant.*

Vous me pardonnez.... quel bienfait !
Souffrez que pour tant d'indulgence ,
Je vous mette dans le secret
De notre divine science ;
De mes avis puisse l'ardeur
Vous éclairer avec vitesse ;
Et votre maître en chaque sœur
Trouver bientôt une maîtresse !

Air : *Le premier pas.*

Faire le bien est notre loi constante ;
C'est le seul but de notre doux lien ;
Or, chaque fois qu'à votre âme indulgente
L'occasion , chères sœurs , se présente ,
      Faites le bien.   (*Bis.*)

Air : *O Filii et Filiœ.*

C'est notre secret, vous l'avez ;
Mais , surtout , mes sœurs , vous devez
Bien taire ce que ce vous savez....
      Si vous pouvez.

AIR : *Rien n'était si joli qu'Adèle.*

Mais la sonore chanterelle
Vient à nos chansons
Joindre ses joyeux sons.
Jeunes maçonnes, gais maçons,
Accourez tous ;
Trémoussez-vous ;
Au jardin d'Eden
L'Amour, l'Hymen,
Tout vous appelle ;
Une fois par an,
De par Saint-Jean,
Donnez-vous-en.

Le F∴ Désaugiers.

LA LUMIÈRE.

CANTIQUE D'ADOPTION.

AIR : *Des Triolets.*
Ou : *Iseult et les Amours.*

PEUT-ON goûter des biens parfaits ,
Si l'on n'a pas vu la lumière ?
Le monde lui doit ses attraits ;
Chantons , célébrons ses bienfaits ;
A qui voit de si doux objets ,
Elle doit surtout être chère.
Peut-on goûter des biens parfaits ,
Si l'on n'a pas vu la lumière ?

L'ombre, il est vrai, plaît aux Amours ;
Mais l'Amour chérit la lumière ;
Si , quand la nuit est de retour ,
A ce Dieu l'on fait mieux sa cour ,
Ne sait-on pas qu'un peu de jour
Double les plaisirs du mystère ?
L'ombre, il est vrai, plaît aux Amours ;
Mais l'Amour chérit la lumière

La Beauté, dont tout suit les lois,
Doit son triomphe à la lumière ;
Et l'enfant qui porte un carquois,
Tout fier qu'il est de ses exploits,
En compterait bien moins, je crois,
Si l'on ne voyait point sa mère.
La Beauté, dont tout suit les lois,
Doit son triomphe à la lumière.

Combien, dans ces momens flatteurs,
Je sens le prix de la lumière !
Vous de qui les charmes vainqueurs
Domtent les plus superbes cœurs,
Ah ! puisque vous êtes mes sœurs,
Des Grâces je suis donc le frère !
Combien, dans ces momens flatteurs,
Je sens le prix de la lumière !

Daignez sur moi, daignez, beaux yeux,
Lancer votre douce lumière.
J'admire les astres des cieux ;
Mais mon cœur adore les feux
De ces astres plus radieux
Qui roulent sous votre paupière :
Daignez sur moi, daignez, beaux yeux,
Lancer votre douce lumière.

Le F∴ DE MIRAMOND.

CANTIQUE DE CLOTURE.

Frères et compagnons
De la Maçonnerie,
Sans chagrins, jouissons
Des plaisirs de la vie.
Munis d'un rouge bord,
Que par trois fois le signal de nos verres
Soit une preuve que d'accord
Nous buvons à nos frères.

On a vu de tout temps (1)
Des monarques, des princes,
Et quantité de grands,
Dans toutes les provinces,
Pour prendre un tablier,
Se dépouiller de leurs armes guerrières,
Et toujours se glorifier
D'être connus pour frères.

(1) On ne chante ordinairement que le premier et
le dernier couplets ; quelquefois on y joint le cinquième
et l'avant-dernier.

L'antiquité répond
Que tout est raisonnable ;
Qu'il n'est rien que de bon,
De juste et vénérable
Dans les sociétés
Des vrais maçons et légitimes frères ;
Ainsi buvons à leurs santés,
Et vidons tous nos verres.

Frères et compagnons
De cet Ordre sublime,
Par nos chants témoignons
L'esprit qui nous anime.
Jusques sur nos plaisirs
De la vertu nous appliquons l'équerre ;
Et l'art de régler nos désirs
Donne le nom de frère.

C'est ici que de fleurs
La Sagesse parée
Rappelle les douceurs
De l'empire d'Astrée.
Ce nectar vif et frais,
Par qui souvent s'allument tant de guerres,
Devient la source de la paix,
Quand on le boit en frères.

Par des moyens secrets ,
En dépit de l'envie ,
Sans remords, sans regrets ,
Nous seuls goûtons la vie ;
Mais à des biens si grands
En vain voudrait aspirer le vulgaire ;
Nous-mêmes serions ignorans ,
Sans le titre de frère.

Profanes , curieux
De savoir notre ouvrage ,
Jamais vos faibles yeux
N'auront cet avantage ;
Vous cherchez follement
A pénétrer nos plus profonds mystères ;
Vous ne saurez pas seulement
Comment boivent les frères.

Si par hasard l'ennui
Donne quelques alarmes ,
Aussitôt contre lui
Nous chargeons tous nos armes ;
Et par l'ardeur d'un feu
Plus pétillant que les foudres guerrières ,
Nous chassons bientôt de ce lieu
Cet ennemi des frères.

Buvons tous en l'honneur
Du paisible Génie
Qui préside au bonheur
De la Maçonnerie ;
Dans un juste rapport,
Que par trois fois le signal de nos verres
Soit le symbole de l'accord
Qui règne entre les frères !

Joignons-nous main en main ;
Tenons-nous ferme ensemble ;
Rendons grâce au destin
Du nœud qui nous rassemble ;
Et que cette unité
Qui parmi nous couronne les mystères,
Enchaîne ici la volupté   } Ter.
Dont jouissent les frères.

FIN.

PARIS, DE L'IMPRIMERIE D'A. ÉGRON,
rue des Noyers, n° 57.

TABLE.

FIN DE LA TABLE.

RONDONCINO.

Doche.

-ger, un signe, il voit fi-nir sa
peine ; un mot, et son sort va chan-
-ger, un mot et son sort va chan-
-ger, un mot et son sort va chan-
-ger, un mot et son sort va chan-
-ger, et son sort va chan-
-ger, un mot et son sort va chan-
-ger, son sort va chan-ger.

Fran-
-çais que la for-tune in-jus-te pour-
-suit de cli-mats en cli-mats
des frè-res vous ten-dent les
bras; ve-nez dans cet a-sile au-
-gus-te; oh! oui, tout me l'as-
-su-re, oh! oui, oh! oui, oh!
oui, oh! oui.

LA ROSE ET LA CROIX.

F. Sieber.

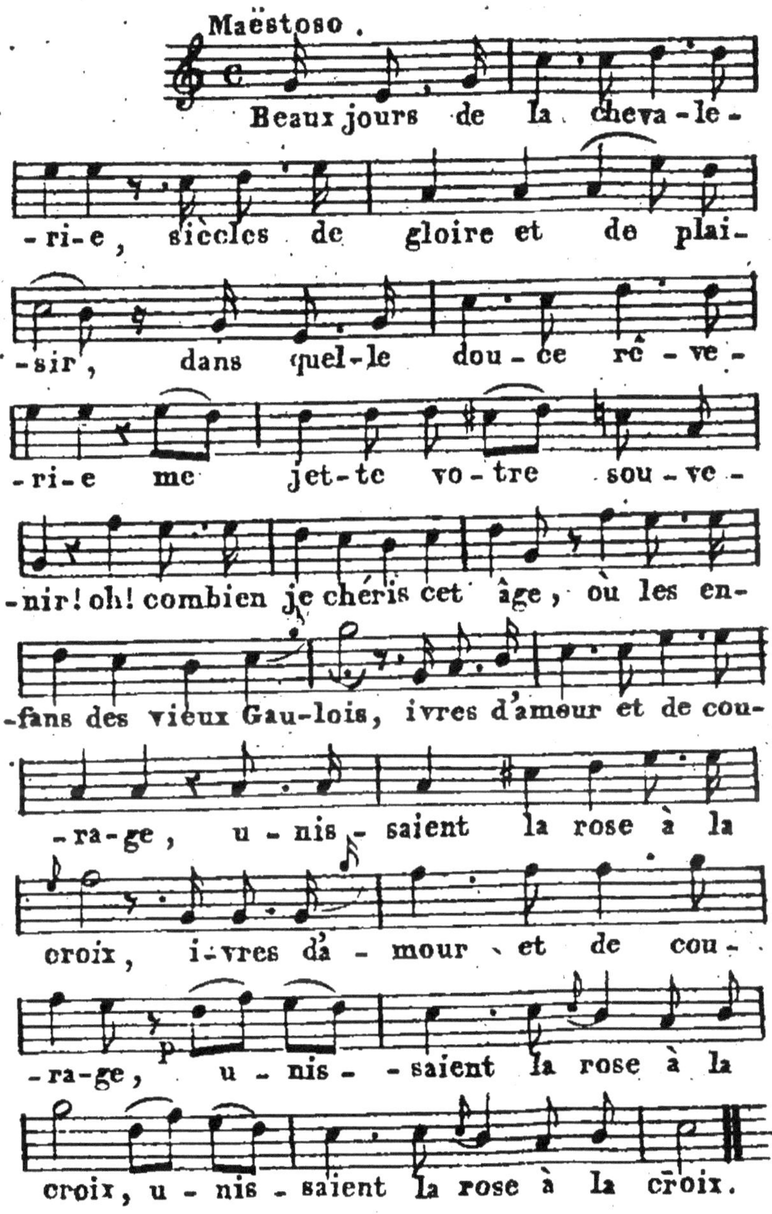

CHANT MAÇONNIQUE.